Brigitte Zeplien
Die Borke voller Risse
Lyrisches Mosaik für Optimisten

BRIGITTE ZEPLIEN

Die Borke voller Risse
Lyrisches Mosaik
für Optimisten

Illustrationen von Uta Ehlers

Bibliografische Information der Deutschen Nationalbibliothek:
Die Deutsche Nationalbibliothek verzeichnet diese Publikation in der
Deutschen Nationalbibliografie; detaillierte bibliografische Daten sind
im Internet über http://dnb.dnb.de abrufbar.

© 2019 Brigitte Zeplien, Papendorf-Rostock

Illustrationen von Uta Ehlers, Bad Doberan

Herstellung und Verlag: BoD – Books on Demand, Norderstedt

ISBN: 978-3-7481-6509-5

Der Eichbaum

Die Krone strebt zum Himmel,
verwurzelt fest im Boden.
In ihm pulsiert das Leben,
gefüllt mit Episoden.

Im Schatten dieses Baumes
verweilt ein alter Mann.
Er lauscht dem Blätterrauschen.
Ob er's verstehen kann?

Der Eichbaum könnte plaudern,
wovon ein Buch nicht spricht.
Es bleibt wohl sein Geheimnis,
und das verrät er nicht.

Er könnte auch erzählen,
wovon Geschichte schweigt.
In hundert Jahresstürmen
hat er sich nie geneigt.

Der Greis mit weißen Haaren
zeigt keine Reaktion.
Doch Jahre wissen mehr als
der Bücher Illusion.

Voll Ehrfurcht horcht der Alte.
Er kennt Bescheidenheit.
Wovon der Baum berichtet,
war seine Lebenszeit.

Die Borke voller Risse,
und knorrig jeder Ast.
Der Stamm kennt mehr Historie
als Schreiber je erfasst.

Das Blattwerk raschelt weise,
es sah, was Welten treibt.
Der Alte ahnt die Wahrheit:
„Erfahrung ist, was bleibt:

Die Spuren in der Rinde
hat meine Zeit gestanzt.
Ich weiß um sein Geheimnis,
denn ich hab ihn gepflanzt."

Mit 27 000 km/h um die Sonne

Es flucht der Frosch im Grase

und quakt voller Ekstase:

„Die Sonne brennt zu böse,

Protest gilt ihrer Größe!

Das höchste aller Wesen

ist stets der Frosch gewesen!"

Er nimmt, das ist ganz richtig,

sein kleines Ego wichtig.

Da klebt er auf dem Erdball

und rast auf ihm durchs Weltall

rund um die Sonne brausend

mit sieb'nundzwanzigtausend

an Stundenkilometern.

Was hilft dem Frosch das Zetern?

Meinungsfreiheit

Ob Talkshows, öffentliches Streiten,

ein Opponent gehört dazu:

Das Nein muss jeden Plan begleiten,

Rhetorik glänzt im Interview.

Man kann sie hören und auch lesen.

Du staunst, wie sie mit Kennermienen

und leeren Worten, flachen Thesen,

mit Dummgeschwätz ihr Geld verdienen.

Minister Schwätz tritt in Erscheinung.

Der Besserwisser braucht Ermahnung:

Er hat zum Thema ganz viel Meinung,

doch davon keine blasse Ahnung.

Mächtigster Mann der Welt

Am Atomknopf ergötzt
er sich drohend ad hoc.
Der Taugenichts setzt
eine Welt unter Schock.

Wer ist DER alte Narr,
der nach Sexspielen giert
und die große Gefahr
eines Weltkriegs riskiert?

Der sich Mauern bestellt,
Handelskriege entfacht?
Der die Presse verprellt,
offen lügt für die Macht?

Milliarden ererbt
und ergaunert den Rest,
edler Haarschopf, gefärbt,
von der Wahrheit gestresst.

Fragen stellt der Jurist,
ein Psychiater schweigt still.
Der senile Narzisst
twittert stur, was er will.

Was das Weltklima braucht? -
Milde lächelt der Tor.
Sehr schnell untergetaucht
bleibt sein Land außen vor.

Sein Gehirn sprüht nur Gift,
ohne Seele und krank.
Hämisch hebt er den Stift,
unterschreibt stolz den Zank.

Für Massaker und Mord
weiß der Waffenfreak Rat:
„Mit mehr Waffen vor Ort
schreite jeder zur Tat!"

Doch das Volk tobt spontan,
schon von Reue gequält,
denn es hatte im Wahn
diesen Strohkopf gewählt.

Wie so oft trügt der Schein,
jedes Land kennt den Schmutz.
Sein Gewissen bleibt rein.
Er hat's niemals benutzt.

MANCHMAL

Manchmal
will ich einfach weg.

Manchmal
muss ich selber denken,
keiner Weisung folgen
ohne nachzufragen.

Manchmal
will ich nichts mehr müssen,
möcht mit Unvernunft dem
Alltagstrott entfliehen.

Manchmal
kann ich nicht mehr nett sein.
Restintelligenz kämpft
gegen Bürokraten.

Manchmal
will ich Wahrheit nicht mehr
nur auf Treu' und Glauben
aus den Medien kennen.

Manchmal
muss ich Chancen nutzen.
Wie ich lebe, ist kein
Dasein nur auf Probe.

Manchmal
liebe ich die Stille,
kann mich fallenlassen
in dem Spiel der Liebe.

Manchmal
möchte ich laut schreien.
Immer neu erwachsen
kriegerische Welten.

Manchmal
fühl ich Optimismus.
Neue Kraft lässt mich den
Sonnenschein genießen.

Manchmal

will ich einfach weg.

Unwissenheit

Pulsiert doch mein Gehirn
nicht ausreichend genug,
das Teuflische im Menschen
seit Tausenden von Jahren
bis heute zu erfassen.

Wo immer Wissen fehlt,
ist Raum für Ignoranz,
für Vorurteil aus Torheit,
für Interpretationen,
die in die Irre führen.

Wo immer Bildung fehlt,
bleibt Raum für Unverstand,
für religiöse Träume,
für trügerische Hoffnung,
für Götter und Intrigen.

Doch Manipulation
ist mir zutiefst verhasst.
Ich hab' zu spät begonnen,
darüber zu sinnieren.

Mein Optimismus zögert.

Zum Totensonntag
(Aus dem Tagebuch einer 16-Jährigen)

Der Friedhof wird zum schönsten Ort.
Die größten Schätze lagern dort
an Tannengrün, Rosen und Orchideen.
Schade nur, dass das die Leichen nicht sehn.

In Tränen erstickt wandelt man zuhauf,
beheult einen nötigen Lebenslauf,
schleppt Blumen und mehr als Blumen her. –
Zu Hause stehen die Vasen leer …

Heut schreit der Mensch nach Diesseitsstreben,
hält Reden und „verehrt das Leben",
indem er auf den Friedhof rennt
und dort um totes Leben flennt?

Re: Zum Totensonntag
(Reaktion einer 90-Jährigen)

Mein argloses Kind –
dem jungen Protest fehlt Substanz.
Du brauchst noch viel Zeit. Die verrinnt:
Erfahrung ersetzt Ignoranz.

Trotz allem Verstand,
Gefühle begleiten den Kampf.
So mancher gestand,
die Träne erst löste den Krampf.

Ob krank sein und alt
die Kräfte der Liebenden lähmt,
ob Krieg und Gewalt
die Werte des Lebens beschämt,

der Tod nimmt das Glück,
was Menschen für andere sind.
Verlust wirkt zurück,
Unendlichkeit fühlt nur das Kind.

Dass alles vergeht,
verdrängt der Naive empört.
Erst wer's kennt, versteht,
dass Trauern zum Leben gehört.

Mütterliche Gedankensplitter

Mir fehlt die Übersicht, eine Lebensspanne ist zu kurz, um mit den Folgen unseres Handelns konfrontiert zu werden. Die nach uns fangen immer wieder von vorne an. Kaum haben sie begriffen, was die Welt braucht, schon ist ihr Leben vorbei und die nächsten müssen dieselben Fehler noch einmal machen, um bis zu dieser Erkenntnis zu gelangen.

Von Müttern spricht man nicht. Mütter sind keine historischen Fakten. Von ihnen schreibt kein Geschichtslehrbuch.

Die Wahrheit ist bedeutungslos, wenn sie keiner glaubt

Herr im Himmel! Wo bleibt deine Gerechtigkeit? Was hast du bei der Schöpfung des Menschen falsch gemacht? Etwas ist schiefgelaufen, als du ihm den Verstand eingebaut hast. Ein göttlicher Irrtum? Wir Mütter haben unseren Teil für den kriegerischen Wahnsinn deines Geschöpfs bezahlt.

„Ich bin die Geschichte", flüsterte sie. „Ich bin die Marketenderin, die sich jeder Sieger so hinlegt, wie er sie braucht, so weit wie ihn seine Bedürfnisse treiben."

Es gibt Zeiten, da das Schicksal nicht einer Schachpartie, sondern einem Lotteriespiel gleicht.

Die Wissenschaft braucht Beweise, ehe sie in die Offensive gehen kann. Was die Menschen in diesem Lande brauchen, ist weniger Belehrung als Erinnerung.

Die Geschichtsbücher über den 2. Weltkrieg haben etwas vergessen, was nur Literatur in Worte fassen könnte – die Leiden der Mütter, von der Moderne als sentimental belächelt, von Moral und Tradition unter Tabu gestellt, von der Politik totgeschwiegen. Die Zahlen über Millionen verkommen zum Nichts, da die Grenzen zum Unvorstellbaren erreicht sind.

Flüchtlinge sind Menschen wie wir, die der Krieg der Größenwahnsinnigen vertrieben hat.

Einige Leute tun heute so, als sei es ein Verdienst, in welchem Land man geboren ist, oder als sei es die Schuld der anderen Menschen, woher sie kommen.

Urtriebe beeinflussen menschliches Handeln stärker als anerzogene Vernunft durch Medien, Wissenschaft oder Informationstechnologien.

Es ist so leicht, aus der Sicht der Sieger schwarz-weiß zu malen. Die nackte ehrliche Wahrheit der Zeitzeugen gibt es bald nicht mehr. Dann übernehmen die Historiker das Kleid zum Bedecken ihrer Blöße. Wehe sie gehören zu den neuen Siegern und kennen die Gesichter der Opfer nicht mehr!

Die Folgen von kollektiven Katastrophen haben bisher in den Forschungen der Psychoanalyse kein Gewicht, auch nicht in der Geschichtsschreibung.

Ernstzunehmende Historiker beweisen schon wieder die Nützlichkeit des Krieges. Er habe, aufs Ganze gesehen, die Erde zu einem besseren Daseinsort gemacht. Man brauche die Kriege zur Weiterentwicklung des Menschen, denn er erfindet Neues nur, wenn er Hunger hat und nicht, wenn er satt ist. Das könne man beweisen.

Es ist doch alles schon so lange her! Dennoch mindert das Verstreichen von Zeit nicht die vergangenen Verbrechen. Die Verletzung der unschuldig Betroffenen wird nie verschwinden, aber ein Wachhalten der Erinnerung bietet die Chance auf einen Schutz vor Wiederholung.

(Aus: „TABU oder Großmutters Vermächtnis", 2017)

Der Strom

Vom Atem der Lüfte bewacht, wie zum Scheine
schläft einsam der Geysir im nächtlichen Haine.
Das Schweigen umhüllt jedoch täuschend die Stelle.
Ganz leise beginnt es im Innern zu rauschen,
zu sausen, zu toben, zu schäumen, zu brausen –
mit Druck schießt der Wasserstrahl hoch aus der Quelle.

Das kämpfende Wasser muss stürmen und grollen.
Mit ihm kommen glühende Dämpfe gequollen.
Es stürzt immer vorwärts, steht niemals am Flecken.
Das Wasser muss suchen, den Weg will es finden,
doch tausende Tropfen im Sande verschwinden.
Es brodelt und köchelt und brandet durch Hecken.

Nicht vielen ergeht es auf hartem Stein besser.
Gemeinsam im Streit werden Tropfen Gewässer.
Du gräbst deine Spuren und baust deine Straßen.
Vereint fließt du sicher durch Kiesel und Scherben.
Doch eigene Machtgier stürzt dich ins Verderben.
Hab Achtung, so blind immer weiter zu rasen!

Du siehst doch den Weg, hinter ihm das Gefälle!
Du weißt, was jetzt kommt, wende schnell deine Welle!
Doch du willst nicht lernen und niemals bestehen?
Du stürmst tobend vorwärts mit Wüten und Schäumen ...
zerstörtest dich selber samt Sträuchern und Bäumen!
Zum wievielten Male ist das schon geschehen?

Die Zeit macht den reißenden Strom aus dem Bächlein.
Es glaubt, das Erreichte der Ziele muss echt sein.
Der hindernde Steinschlag ist schnell überwunden.
Es jagt nie und treibt nicht so wie auf dem Lande.
Kein Felsen ist störend im körnigen Sande.
Das Wasser hat endlich zum Meere gefunden.

Erlebende Menschheit, erkennst du dich wieder?
Auch Stürme im Meer reißen dich wieder nieder,
bis endlich dein Denken den Weg dir bereitet.
Die Mahnung wird trommeln und zeigen: das Klopfen
hat dich, wie die Sonne den Ozeantropfen
erhebend zu Besserem weitergeleitet.

Unwichtig

Diskussionen folgerichtig
Leere Worte null und nichtig
Argumente schwergewichtig
Pro und contra falsch und richtig
      Was geschah so uneinsichtig,
      dass es diesen Streit entfachte?

Hin und wieder unaufrichtig
Glutdebatten eifersüchtig
Liebestraum funktionsuntüchtig
Hingehauchter Kuss nicht wichtig
      Wessen Liebe wurde flüchtig,
      dass die Lethargie erwachte?

Phrasendreschen undurchsichtig
Scheintermine keusch und züchtig
Immobilien steuerpflichtig
Weltenrettung kaum gewichtig
      Was war denn so lebenswichtig,
      dass es uns zu Fremden machte?

Watching Forever

Computer Freaks wie ich sind stur,
sie sehen nicht mehr fern.
Die News manipulieren nur.
Das hab ich nicht so gern.

Doch E-Mail-Werbung mit Tam-Tam
versprach – des Lobes voll –
ein unbegrenztes Filmprogramm.
Die Werbung fand ich toll.

Will einer tausend Serien seh'n
und Filme ohne Pause,
dann braucht er gar nicht weit zu geh'n,
entdeckte ich zu Hause.

Die Flatrate kostete nicht viel.
Der Preis schien hübsch gemalt.
Es war ein richtig guter Deal
und Oma hat's bezahlt.

Ob Apple oder Smart TV,
auf Tablet und PC,
ich weiß, es funktioniert genau,
egal, wohin ich geh.

Mit Flatrate läuft's an jedem Ort.
Die Spielkonsole kracht.
Auch Smartphone mit dem Filmimport
hat mich zum Fan gemacht.

Es geht auf Reisen und im Klo,
beim Trinken und beim Schlucken.
Gelangweilt wär ich sowieso,
könnt' ich nicht Filme gucken.

Ich kann mich endlich Tag und Nacht
am Serienfilm berauschen
und noch im Bett um Mitternacht
dem Tablet-Tonfilm lauschen.

Was kümmert mich die Flüchtlingsnot
im Alltagskampf und Krieg.
Die Flatrate ist mein täglich Brot,
und Serienfilm mein Sieg.

Reale Welt macht alle krank,
denn Psyche leidet schnell.
Ich hasse Unrecht, Schuld und Zank,
drum bleib ich virtuell.

Ja, vierundzwanzig Stunden lang
bau ich jetzt keinen Mist.
Dem Schöpfer des Programms sei Dank,
dass Watching passiv ist.

Mit Seifenopern bin ich frei
von Manipulation.
Sie lähmen Hirne - wie Arznei.
Das weiß auch Oma schon.

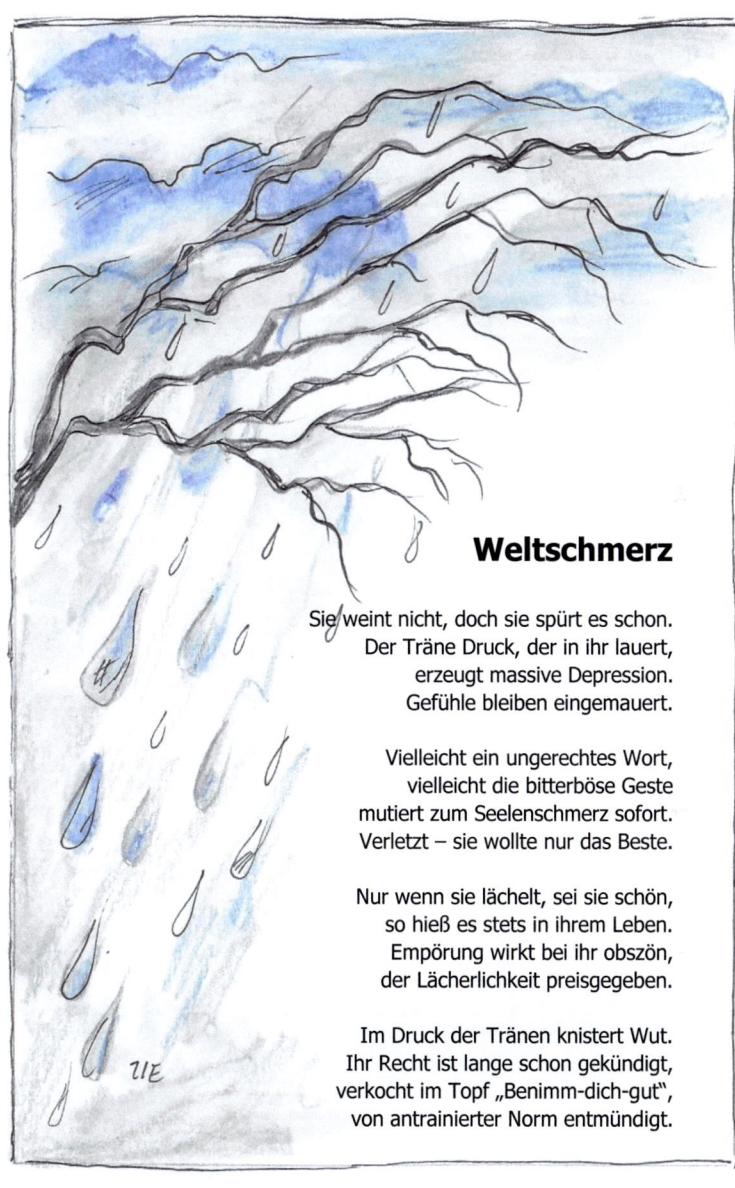

Weltschmerz

Sie weint nicht, doch sie spürt es schon.
Der Träne Druck, der in ihr lauert,
erzeugt massive Depression.
Gefühle bleiben eingemauert.

Vielleicht ein ungerechtes Wort,
vielleicht die bitterböse Geste
mutiert zum Seelenschmerz sofort.
Verletzt – sie wollte nur das Beste.

Nur wenn sie lächelt, sei sie schön,
so hieß es stets in ihrem Leben.
Empörung wirkt bei ihr obszön,
der Lächerlichkeit preisgegeben.

Im Druck der Tränen knistert Wut.
Ihr Recht ist lange schon gekündigt,
verkocht im Topf „Benimm-dich-gut",
von antrainierter Norm entmündigt.

Lied: Uns' Fischland

Wo de ganze Welt sick drifft an'n Ostseestrand,
wo de Pierd un Käuh noch stahn an'n Koppelrand,
wo de Kranich' fleigen bit taun Himmelsrand,
dor is miene Heimat, -
nennt sick „uns' FISCHLAND".

Wo de Tonnenbroider up dat Fatt 'rinhaugn.
Wo de Tonnenschwesters sier fel häm tau daun,
wo de Nackedeis sik sün'n an'n Ostseestrand,
dor is miene Heimat, -
nennt sick „uns' FISCHLAND".

Wo de Borgäst führn im groten Stau allein,
wo de rode Kirchturm is von wiet tau seih'n,
wo de Fischer Zander grifft mit starker Hand,
dor is miene Heimat, -
nennt sick „uns' FISCHLAND".

(Melodie: Wo die grünen Wiesen leuchten)

Limericks

Irrtum

Es kam ein Poet aus Locarno,

der lernte Plattdeutsch an der Warnow.

Nachts lief alles glatt,

er dichtete Platt.

Am Morgen war alles von Tarnow.

Dummheit

Ein Manager von den Lofoten,

der suchte hier einen Idioten.

Doch in diesem Land

war keiner bekannt.

In Rostock ist sowas verboten.

Immobilienhai

Es lebte ein Bauherr in Biestow,

den stach voller Wucht ein Moskito.

Nun sagt er der Welt:

„Es geht nicht ums Geld."

Doch weiß keiner mehr, wie der hieß so.

Klima

Ein Autoverkäufer aus Lützen,

der wollte das Weltklima schützen.

Die Pleite mit Wagen

hat er nicht vertragen.

Nun setzt er auf vegane Mützen.

Veganer

Ein Bohnenquark-Fan aus Karlsruhe

erfand vegetarische Schuhe.

Es tropft ihm der Zahn.

Er läuft jetzt vegan

und steht ovo-lakto in Ruhe.

Bürokratie

Ein närrischer Weiser aus Goslar

hielt Bürokratie für verzichtbar.

Man lachte ihn aus.

Nun stellt sich heraus,

dass er doch ein sehr weiser Narr war.

Flugpreise

Es buchte ein Bürger aus Weimar,

den Flug Erster Klasse, der frei war.

Er freute sich lange.

Dann wurde ihm bange.

Zum Glück war sein Konto beleihbar.

Greta-Effekt 2019

Es lebte ein Schüler in Thule,

der brauchte ein bisschen Bambule.

Fürs Klima-Klischee

kam die tolle Idee:

Er schwänzt jeden Freitag die Schule.

Die Weisheit der Märchen.

Leben allein genügt nicht,

sagte der Schmetterling.

Sonnenschein, Freiheit und

eine kleine Blume

muss man auch haben.

(Hans-Christian.Andersen)

Fliegen allein genügt nicht,

zwitscherte die Schwalbe.

Hochsommer, Blattläuse und

eine kleine Freileitung

muss man auch haben.

Tanzen allein genügt nicht,

brummte der Zirkusbär.

Stroh, Publikum und

ein paar Leckerli

muss man auch haben.

Alt werden allein genügt nicht,

zeterte die Schildkröte.

Sonnenstrahlen, Gesundheit und

ein frisches Salatblatt

muss man auch haben.

Begabung allein genügt nicht,
piepste das Mäuschen.
Flexibilität, Gewissen und
ein kleines Stück Speck
muss man auch haben.

Fleiß allein genügt nicht,

rief die Ameise.

Königinnen, Giftstachel und

ein wenig Nektar

muss man auch haben.

Sammeln allein genügt nicht,
summte das Bienchen.
Volk, Leidenschaft und
eine gelbe Rapsblüte
muss man auch haben.

Wohnen allein genügt nicht,

maunzte das Kätzchen.

Köstlichkeiten, Mittagsruhe und

ein schönes Zuhause

muss man auch haben.

Erfolg allein genügt nicht,

zirpte der Grashüpfer.

Bewegungsfreiheit, Gras und

eine kleine Grille

muss man auch haben.

Fromm sein allein genügt nicht,

klagte das Lämmchen.

Religion, Toleranz und

eine kleine Sünde

muss man auch haben.

Kämpfen allein genügt nicht,

frohlockte das Igelchen.

Stacheln, Mut und

eine kleine Schnecke

muss man auch haben.

Kuscheln allein genügt nicht,

brummelte das Koalabärchen.

Dickes Fell, Gefühle und

ein grünes Eukalyptusblatt

muss man auch haben.

Treue allein genügt nicht,

bellte das Hündchen.

Freude, Gelassenheit und

eine kleine Hütte

muss man auch haben.

Politik allein genügt nicht,

schrie das Eselchen I-A.

Verständliche Sprache, Vernunft und

abgedroschenes Stroh

muss man auch haben.

Tempo allein genügt nicht,

meinte die Babyschildkröte.

Meeresstrand, Sandstraße und

freie Bahn

muss man auch haben.

Intelligenz allein genügt nicht,

jammerte das Häschen.

Schnelligkeit, Konzept und

kleine Tricks

muss man auch haben.

Jung sein allein genügt nicht,

tirilierte die Lerche.

Kultur, Unabhängigkeit und

ein kleines Kornfeld

muss man auch haben.

Gefühl allein genügt nicht,

meckerte das Zicklein.

Träume, Stimmung und

eine freie Zitze

muss man auch haben.

Sport allein genügt nicht,

schnaufte das Nilpferdbaby.

Mamas Gene, Planschbecken und

einen kleinen Preis

muss man auch haben.

Potenz allein genügt nicht,
krähte das Hähnchen.
Kraftfutter, Freilauf und
einen kleinen Hühnerhof
muss man auch haben.

Lieben allein genügt nicht,

gurrte das Brieftäubchen.

Sternenhimmel, Unabhängigkeit und

ein wenig Post

muss man auch haben.

Schönheit allein genügt nicht,

schwätzte die Elster.

Verstand, Zeit und

ein kleines Kettchen

muss man auch haben.

Gesang allein genügt nicht,

quakte das Fröschlein.

Mondenschein, Kehle und

eine kleine Wasserlilie

muss man auch haben.

Fußball

Der Deutsche schuftet vorbildlich,

mag Steuerhinterziehung nicht.

Doch ist der Beste nicht gefeit,

es tut ihm nur um Bayern leid.

Wie kann er die Millionen retten,

die Fußballer so gerne hätten?

Sein Kopf ist leer, ihm fällt nichts ein.

Was soll er tun, das arme Schwein?

Die Fußballweltenmeisterschaft

verbringt der nette Typ in Haft.

Der Fußball fliegt, der Torschuss fällt.

Den deutschen Teamgeist lobt die Welt.

Schönheitsideal

Sie spritzen sich Botox in Lippen und Falten.

Sie lassen Chirurgen die Nase verwalten.

Die Farbe der Wimpern mit Nadeln gestochen,

die Brauen und Ohren gepierct auf die Knochen,

den Haaransatz farbig gebrannt und vergiftet,

die Haut glatt gezogen, genäht und geliftet,

die Narben mit cremigem Schlamm übertüncht,

so haben sie sich ihre Schönheit gewünscht.

Sie quälen sich täglich und schonen sich nicht.

Ein leeres Gehirn braucht ein schönes Gesicht.

Happy End

Ein kluger Mensch verfolgt den Trend.

Er fastet häufig und er rennt,

damit er richtig Fett verbrennt.

Er isst, was man Gemüse nennt.

Ganz ohne Salz sein Kampf entbrennt.

Vom Zucker hat er sich getrennt.

Viel Wasser fördert sein Talent.

Er spricht, dass er kein Fleisch mehr kennt

und braucht nur noch das Happy End.

Er zahlt – die Kosten sind horrend –

den Sex per on-line. Wenn er flennt,

dann fehlt nicht viel, bis er erkennt:

Des Lebens Lust hab' ich verpennt!

Retro

Moral, Respekt, Intelligenz

sind heut' nicht mehr im Trend,

nicht mal als modische Tendenz.

Ich habe wohl die Zeit verpennt.

Zum Glück beweist des Lebens Lauf:

Der Zeitgeschmack zwingt neue Liebe.

Dann wird die Nachwelt wieder wild

auf ausgestorb'ne Retrotriebe.

Margarine

Erst Margarine macht gesund,
so schallts aus jedem Kindermund.
Aus Pflanzenölen extrahiert
wird Margarine raffiniert,
entlecitiniert, eingeweicht,
entschleimt, entsäuert und gebleicht,
dazu gehärtet, fraktioniert
und ohne Gas desodoriert.
Was chemisch umgeestert hält,
wird nach pH-Wert eingestellt,
Milchsäure aromatisiert,
mit A, E, K vitamisiert.
Stabilisator muss noch sein,
Geschmack bringt etwas Salz hinein,
durch Joghurt kräftig fermentiert.
Zitronensäure konserviert
fast buttergelb gefärbte Creme,
zum Streichen extra angenehm,
ein Emulgator mitserviert,
Verdickungsmittel reingeschmiert,
verstärkt den sahnigen Geschmack,
es fehlte nur noch Ammoniak.

Was sagte meine Mutter?
„Da ess ich lieber Butter."

Wortspiel-Wünsche

Teddybär

Ich wünscht, ich wär ein Teddybär,

unintellektuell.

Mir ging es nicht ums Kuscheltier,

nur um das dicke Fell.

Künstliche Intelligenz

Ich wünscht, die neue Technik wär

ein gutes Fleischgericht.

Denn alles, was der Bauer hier

nicht kennt, das frisst er nicht.

Chef

Ich wünscht, mein Chef wär kompetent

und klüger sowieso.

Er ist erst links, dann rechts extrem

und dumm wie Bohnenstroh.

Falsch

Ich wünscht, ich wäre Milliardär

mit Steuerfalschangaben.

Doch diesen Job hat schon Herr Trump –

da liegt der Hund begraben.

Modenarr

Ich wünscht, ich wär ein Modenarr.

Ich würde immer kühner

und malte Falten ins Gesicht.

Da lachen dann die Hühner.

Kritiker

Es lügt so mancher Kritiker,

bezahlt für Show und Presse.

Ich wünscht, er wär Politiker

und kriegt eins in die Fresse.

Wahl

Ich wünscht, man ließe mehr Verstand

zur nächsten Wahl entfachen.

Man lässt unkluge Leute nicht

den Bock zum Gärtner machen.

Lösungen

Ich wünscht, ich säß im Bildungsamt

mit Brille im Gesicht.

Gelassen säh' ich dann den Wald

vor lauter Bäumen nicht.

Kinderzahl

Ich wünscht, ich hätte Amors Pfeil

und landete nur Treffer.

Zu Ostern gäb's mehr Kindergeld –

da liegt der Has' im Pfeffer.

Dummheit

Ich wünscht, man machte um der Kinder

Dummheit kein Tamtam.

Des Apfels Kern kennt keine Schuld.

Er fällt nicht weit vom Stamm.

Liebe

Ich wünscht, die Liebe wäre treu,

was sie im Rausch verspricht.

Wenn auch verschmust die Katze schnurrt,

sie lässt das Mausen nicht.

Wolke Sieben

Ich wünscht, ich könnt mit meinem Hans

auf Wolke 7 schweben,

doch er entschied mit Eleganz:

Wir nehmen die daneben.

Weihnachten

Nachdenkliches über den Zweifler

Wo kämen wir am Ende hin?

Wo wäre denn der tiefe Sinn,

Wenn jeder selbst die Wahrheit sucht

Und die Erfahrung mit verbucht?

Wenn jeder zweifeln darf und kann,

wo bleibt denn da der Weihnachtsmann?

Weihnachten

Beleuchtung elektrisch und
künstlich der Baum,
die Vorschrift um Sicherheit
regelt den Traum.

Der Weihnachtsmann abgeschafft -
nichts von ihm blieb.
Geschenke in Säcken
ersetzen den Typ.

Im Überfluss steht ohne
Freude das Kind,
kann nicht mehr empfinden, was
Wunschträume sind.

Ich träumte und wünschte,
es bringt diese Zeit

Nachdenklichkeit.

Der Traum des Weihnachtsmanns

Der Mantel rot, der Bart ganz weiß
liest nachdenklich der alte Greis
die Forderungen Blatt für Blatt,
die man ihm aufgeschrieben hat.

Das Feuer im Kamin brennt hell
und wärmt des Rentiers braunes Fell.
Es freut sich auf die Weihnachtsnacht,
weil Überraschung Freude macht.

Der Alte will an alles denken,
studiert die Listen mit Geschenken.
Doch fehlt es ihm an Energie,
er fühlt sich müde wie noch nie.

Woran das liegt, weiß Santa nicht.
Doch er muss los, es ruft die Pflicht.
In Eile springt er ins Gefährt
und merkt am Schmerz, das war verkehrt.

Er startet durch, der Schlitten kracht.
Die Glöckchen klingeln. Es erwacht
sein alter Traum - trotz Prellungen -
von WÜNSCHEN statt BESTELLUNGEN.

Wünsche zum Fest

LIEBENS **W**ÜRDIGKEITEN

GELUNGEN **E** ÜBERRASCHUNGEN

ZE **I**T ZUM INNEHALTEN

GEBORGEN **H**EIT

TAGE OHNE SEELE **N**SCHMERZ

STILLE **A**UGENBLICKE

GLÜ **C**KSMOMENTE

GELASSEN **H**EIT

NET **T**E GEDANKEN

GE **S**UNDHEIT

GAN **Z** VIEL LIEBE

ANGENEHM **E** BEGEGNUNGEN

FR **I**EDEN

GU **T**E ERINNERUNGEN

Silvester

Das alte Jahr ist wieder futsch,

das neue voll Ideen.

Ich wünsche einen guten Rutsch

für alle, die noch stehen.

Durch Widerstände rutschen wir,

wenn's sein muss, mit Geruckel.

Und wem's nicht passt, dem biete ich

ganz einfach meinen Buckel.

(Aus: „Tabu oder Großmutters Vermächtnis", 2017)

Wahnsinn im offenen Daktylus

Der Mensch und sein Denken, so logisch und recht

gehört zu dem herrlichen Menschengeschlecht:

ein Wunder natürlicher Evolution,

getrieben von Leidenschaft und Aggression.

Sag, was für ein seltsames Wesen bist du?

Noch lebst du und weißt nicht, warum und wozu?

Worin liegt der Sinn deines Tuns auf der Welt?

In Luxus, Prestige, Macht, Erotik und Geld?

Suchst ewig die Wege nach Fortschritt und Glück.

Archaischer Hass wirft dich wieder zurück.

Dich treibt Egoismus voll Geist und Genie   –

erkennst deinen Wahnsinn. Beseitigst ihn nie!

Dich hatte die Welt der Antike erdacht,

indem dich Prometheus aus Erde gemacht.

Athene gab göttliche Weisheit dem Tropf.

Als Denken und Geisteskraft reiften im Kopf,

ergrimmte Gott Zeus schon, denn er sah es ein:

Du warst viel zu gut, um ein Mensch so zu sein.

Zeus suchte die Rache, du hattest kein Glück.

Er kam mit der schönen Pandora zurück.

Sie brachte die Büchse voll Krankheit und Not.

„Bereite mir WAHNSINN." Das war Zeus‘ Gebot.

So holte sie WAHNSINN aus ihrem Gewand.

Nur eine Mikrobe entfiel ihrer Hand …

… nur eine Mikrobe – du kannst nichts dafür.

Legende und Wahrheit verbinden sich hier.

Nur eine Mikrobe! Sie nahm dir die Kraft,

die sonst mit Athene den Frieden erschafft.

Durch diese Mikrobe des Wahnsinns vereint

hast du dich gespalten in Freund und in Feind.

Für Kriegsbeil und Hassreden opferst du dich!

Bewaffnete Habsucht verändert das nicht.

Du selbst bringst dich um mit dem Wahnsinn der Welt,

doch nichts stoppt die Raffgier im Kampf um dein Geld.

Du heilst dich von Krankheit, befreist dich von Plagen -

Pandoras Mikrobe ist noch nicht erschlagen.

Ich hab's nicht geglaubt

Diesem Land meiner Kindheit
galt mein blindes Vertrauen.
Es gab niemals die Absicht,
eine Mauer zu bauen.
    August Einundsechzig,
    der Freiheit beraubt –
    Ich wusst' es nicht besser,
    ich hab's nicht geglaubt.

In dem Land meiner Kindheit
fühlte ich mich geborgen,
mit der Staatsmacht und Freunden,
Harmonie ohne Sorgen.
    Dann wurden Millionen
    von Akten entstaubt.
    Die Wahrheit schockierte.
    Ich hab's nicht geglaubt.

In das Land meiner Kindheit
flog der Herbst Neunundachtzig.
Ohne Geld und Vermögen
blieb die Freiheit beachtlich.
    Mein Häuschen, mein Land
    hat ein Geldsack geraubt.
    Er wird es vererben.
    Ich hab's nicht geglaubt.

Dieses Land meiner Kindheit
will den Missbrauch nicht schonen.
Hat die Presse gelogen?
Gab es auch Korruptionen?
Verletzungen schweigen.
Ein Papst neigt sein Haupt.
Er kannte die Wahrheit.
Ich hab's nicht geglaubt.

Doch im Land meiner Kindheit
wächst ein wildes Geschlecht.
Sie marschieren im Gleichschritt
auf der Suche nach Recht.
Gewalt schreit der Pöbel.
Was noch? Überhaupt?
Es ächzt ganz Europa.
Ich hab's nicht geglaubt.

In der Welt meiner Kindheit
wird der Erdball geschunden.
Klima außer Kontrolle.
Der Planet leckt die Wunden.
Bei Fridays for Future
ist Schwänzen erlaubt.
Ein Kind muss erst mahnen?
Ich hätt's nicht geglaubt.

Inhalt

Brigitte Zeplien

lebt heute seit fast einem halben Jahrhundert mit ihrer Familie in Mecklenburg-Vorpommern, Deutschland.

Sie wurde 1950 in Sachsen-Anhalt geboren und verlebte ihre Kindheit und Jugend in Leipzig. Nach ihrem Anglistik/Germanistik-Studium an der Humboldt-Universität in Berlin arbeitete sie in der Nähe von Rostock als Lehrerin und nach der Wende 1989 als Schulleiterin bis zu ihrem Ausscheiden aus dem Schuldienst.

„Die Borke voller Risse – Lyrisches Magazin für Optimisten" ist eine Sammlung von Versen und Gedichten aus den letzten fünf Jahren.

Weitere Werke:

Katharina Stern oder Sag mir, wenn im Himmel keiner ist (Roman 2012, in englischer Sprache 2017)

Humor ist, wenn man trotzdem lacht (Erzählungen 2014)

Tabu oder Großmutters Vermächtnis (Roman 2016)